www.ingramcontent.com/pod-product-compliance
Lightning Source LLC
LaVergne TN
LVHW052111160826
845678LV00015B/3482

* 9 7 8 9 9 4 8 7 9 5 5 0 6 *

تريندز للبحوث والاستشارات
TRENDS RESEARCH & ADVISORY

الطريق إلى كوب 28.. كيف يعزز الدور الإماراتي العمل المناخي الدولي؟

إدارة البحوث والدراسات

ورقة سياسة (24)
فبراير 2023

الطبعة الأولى 2023

Order No.: MC-02-01-1281683
ISBN: 978-9948-795-50-6

http://trendsresearch.org

مركز تريندز للبحوث والاستشارات

يُعد مركز تريندز للبحوث والاستشارات مؤسسة بحثية مستقلة تأسس عام 2014، ويهتم باستشراف المستقبل في جوانبه الاستراتيجية والسياسية والاقتصادية، وتتبع القضايا العالمية المختلفة. كما يهدف المركز إلى تحليل الفرص والتحديات على مختلف الصعد الجيوسياسية الراهنة، وما تحمله من متغيرات محتملة، مع محاولة إيجاد إجابات وتفسيرات علمية وموضوعية من شأنها المساهمة في التأثير في اتجاهات الأحداث مع مراعاة نواحي التحليل والنقد والاستشراف.

ويقدم المركز من أجل تحقيق غاياته العلمية، دراسات رصينة ذات أبعاد استشرافية مستقبلية، ويطرح أفضل البدائل الممكنة لمساعدة صنّاع القرار في معرفة التطورات الإقليمية والدولية بشكل أعمق، والاستفادة مما توفره من فرص. كما يقوم المركز برصد الاتجاهات والتغيرات الاستراتيجية والاقتصادية والإقليمية والدولية، بشكل أعمق، والاستفادة مما توفره من فرص، والتنبؤ بآثارها المستقبلية، وذلك وفق الضوابط العلمية المتعارف عليها دولياً لدى أعرق مراكز التفكير والبحث العلمي.

المحتويات

مقدمة	11
أولاً: التداعيات العالمية للتغير المناخي	12
ثانياً: وقفة مع الجهود الدولية لمحاصرة التداعيات المناخية: من COP1 إلى COP27	15
ثالثاً: أهم التحديات التي واجهت العمل المناخي الدولي	21
رابعاً: دولة الإمارات وآمال التحوّل المناخي العالمي المنشود	25
خامساً: توصيات لإنجاح الدور الإماراتي في ملف المناخ COP28	31
قائمة المراجع	35

ملخص تنفيذي

يمثل التغير المناخي أحد أكبر التحديات التي تواجه البشرية اليوم، إذ تبدو تداعياته خطيرة على كل جوانب الحياة البشرية، وهي تطال كل دول العالم دون استثناء. وقد هدفت هذه الورقة إلى بيان طبيعة هذا التحدي وتداعياته المختلفة والجهود الدولية التي بذلت من أجل مواجهته. إذ أظهرت الورقة أنه وبالرغم من تنبُّه العالم في وقت مبكر إلى خطر التغير المناخي، فإن الاستجابة لم تكن على المستوى المطلوب. ولكن هذا لم يقلل من أهمية الجهود التي بُذلت في السنوات الأخيرة، ولا سيما اتفاقية باريس لعام 2015، التي اعتُبرت تاريخية؛ لأنها تُعَدُّ أول اتفاق عالمي بشأن المناخ، كما أن أهميتها تنبع من الهدف الأساسي لها، إذ نصّت على احتواء الاحتباس الحراري «نهائيًا» بما لا يزيد على 2+ درجة مئوية حتى عام 2100.

وسعيًا لإبراز التحديات التي واجهت العالم حاليًا في قضايا المناخ، أظهرت الورقة أن هذه التحديات تدور حول ثماني قضايا رئيسية، وهي:

- ضخامة التمويلات المطلوبة للعمل المناخي الدولي للحفاظ على متطلبات التنمية المستدامة.

- ضعف الالتزام الدولي بتنفيذ التعهدات التمويلية للعمل المناخي الدولي، خصوصًا للدول النامية.

- التنافس الصيني – الأمريكي وتأثيره المباشر على العمل المناخي الدولي.

- التزامات الاقتصاد الهندي تجاه المناخ والقضايا المتصلة بمدى قدرتها على تحمل أعباء تمويل العمل المناخي خارج الهند.

- الفجوة بين الواقع والمأمول في العمل المناخي، أي الفجوة بين نتائج القمم المناخية السابقة وبين السقف الضروري لتحقيق الأهداف المناخية في السنوات المتبقية لخط الأساس حتى عام 2050.

- تزامن الأزمات العالمية وتشابكها وتعقدها، وأثر ذلك على تقييد العمل المناخي الدولي.

- تحديات الإدارة لصندوق الأضرار والمخاطر، ليس فقط لتمويل رأس المال الضخم الذي يُحتاج إليه، ولكن آلية عمله المتوقعة وطرق استهدافه الجغرافية والقطاعية لتغطية الأضرار والخسائر المرتبطة بالقضايا المناخية ذات الأولوية.

- متابعة الالتزام والامتثال المناخي وإنفاذ المتطلبات المناخية دوليًا من جانب الأمم المتحدة ووكالاتها وأدواتها المختلفة.

وفي سياق الجهود الوطنية لمكافحة هذه الظاهرة تناولت الورقة أيضًا السياسات والمبادرات التي قامت بها دولة الإمارات في هذا الشأن، إذ كانت من أوائل الدول التي صادقت على الاتفاقية. وبالتوازي مع ذلك، بذلت جهودًا حثيثة لدعم العمل المناخي الدولي عبر عدد من المبادرات الحيوية، كما دعمت التطور التنظيمي في مجال العمل المناخي، وكرست الجهود لنشر الوعي البيئي محليًا، جنبًا إلى جنب مع تدعيم زراعة الغابات التي تحافظ على التوازن البيئي. ولقد بيّنت الورقة أنه نتيجة لهذه الالتزامات الإماراتية في جانب المناخ، فقد انعكس ذلك على تحسن مؤشرات المناخ الإماراتي، وخصوصًا فيما يتعلق بتحسين معدلات انبعاث الكربون.

وبينـما ينتظـر العـالم استـضافة الإمـارات لقمـة المنـاخ كـوب 28 باعتبارهـا حدثًـا استـثنائيًا دوليًـا، فـإن الورقـة قـد أوصـت بعـدد مـن المقترحـات التـي تدعـم جهـود الإمـارات في إنجـاح القمـة المقبلـة، وخصوصًـا في ظـل طبيعـة الملفـات الحيويـة التـي ستـتناولها هـذه القمـة، وفي سـياق الجهـود غـير المسـبوقة التـي تقـوم بهـا الإمـارات للتوصل إلى حلول بشأن هذه الملفات، وبما ينسجم وأهدافَ اتفاقية باريس.

وكانـت أبـرز هـذه التوصيـات تتمثـل في متابعـة الملفـات المؤجلـة مـن القمـة السـابقة 27، مـع تطويـر آليـة المرصـد المناخـي الـدولي، وتعزيـز دبلوماسـية المنـاخ الإماراتيـة، ودعـم استـمرار الزخـم الـدولي لقضايـا المنـاخ، ودعـم سـعر عالمـي موحـد للكربـون، وقيـادة الجهـود المناخيـة الإقليميـة، والاسـتفادة مـن مخرجـات أسـبوع أبوظبي للاستدامة الذي عُقد مطلع عام 2023.

مقدمة:

بينما يتخذ العالم عامَ 2050 كخط أساس لتحقيق هدف صفر انبعاثات كربونية، فإن محاولات احتواء التداعيات الاقتصادية عبر التوسع في برامج التعافي الاقتصادي قد أفضت لزيادة الانبعاثات الكربونية في العام 2021 وحده بنحو 1.9 جيجا طن لتصل إجماليها لنحو 36.6 جيجا طن.[1]

ولما كان التغير المناخي قد بات التحدي الأكبر الذي يواجه البشرية على الإطلاق؛ فإن تداعياته المختلفة والخطيرة تنبئ بمستقبل مظلم للبشرية ما لم يتحرك العالم بسرعة وبفعّالية ويعوض الوقت الذي فات. وقد أكدت أحداث عام 2022 -كسابقاتها من السنوات العشر الأخيرة تقريبًا- الحاجة الواضحة لبذل المزيد من الجهد لخفض انبعاثات غازات الاحتباس الحراري وما ينجم عنها من أضرار جسيمة تلحق بالنظم البشرية والطبيعية الناجمة عن التغيرات المناخية التي يسببها الإنسان والتي تزيد من تواتر وشدة وتفاقم الظواهر الجوية المتطرفة، بما في ذلك الجفاف وحرائق الغابات وموجات الحرارة غير المسبوقة والأعاصير والفيضان وغيرها من الظواهر التي تسببت بالفعل في دمار شامل في عدد من مناطق العالم. وتقدر الخسائر التي تسببت فيها تداعيات التغير المناخي خلال عام 2022 بمئات المليارات، بينما قُتل وفُقد الآلاف وشرد الملايين؛ ما يشير إلى مدى الخطر الذي يشكله التغير المناخي ليس فقط على الاقتصاد وإنما على الأرواح أيضًا. وما لم تكن هناك تحركات سريعة ومنظّمة، فإن التداعيات ستتفاقم، وقد تكون عواقبها كارثية على الجنس البشري برمته.

---

1. International Energy Agency, "Global CO2 Emissions Rebounded to Their Highest Level in History in 2021," March 8, 2022, http://bitly.ws/zQaP.

وفي ضوء حمل دولة الإمارات لواء العمل المناخي الدولي في العام 2023 وصولًا لمؤتمر الأطراف الدولية COP28، فإن الدراسة الحالية تحاول استعراض ملامح الطريق إلى هذا المؤتمر، عبر استعراض أهم التداعيات الدولية للتغير المناخي، فضلًا عن استعراض الخطوط العريضة للعمل المناخي الدولي خلال الفترة الممتدة من المؤتمر المناخي الأول، وصولًا لمؤتمر قمة شرم الشيخ في أواخر العام 2022. كما تعرض لأهم العقبات الرابضة في طريق الوصول للحياد الكربوني المستهدف من دول العالم كافة، ثم الأدوار المنوطة بدولة الإمارات لرفع آمال العالم نحو التحول المناخي المنشود بحلول العام 2050.

أولاً: التداعيات العالمية للتغير المناخي:

إن تداعيات التغير المناخي باتت تشمل كل نواحي الحياة البشرية دون استثناء. وهي عامة، حيث لا يوجد دولة أو شعب أو منطقة بمعزل عن هذه التداعيات. ولو أخذنا عام 2022 كمثال، فقد كانت تداعيات التغير المناخي واضحة وأظهرت أحدث المؤشرات على مخاطر هذه الظاهرة وشمولها من حيث المكان والجوانب الحياتية. فقد ضربت أوروبا موجات حرارة وجفاف لم تشهد مثلهما القارة العجوز منذ خمسة قرون. وفي إسبانيا توفي أكثر من 500 شخص بسبب موجة الحرارة التي تم تسجيلها والتي تجاوزت 45 درجة، بينما تجاوزت الحرارة في بريطانيا لأول مرة حاجز 40 درجة[2]. كما اجتاحت هذه الموجة عددًا من دول القارة، من بينها البرتغال وإسبانيا وفرنسا وإيطاليا واليونان، وسببت حرائق واسعة في الغابات.

وفيما يلي عرض لأهم التداعيات المناخية حسب الأقاليم الجغرافية الدولية:

- في الولايات المتحدة كانت التداعيات كارثية، إذ وقعت في فصل الصيف حرائق قوية في عدد من الولايات وعمت البلاد موجة حرارة تجاوزت 40 درجة مئوية،

2. فرانس 24، 20 يونيو 2022: https://bit.ly/3DejoD5

بينـما أدت أمطـار غزيـرة إلى فيضانـات في مناطـق مختلفـة. كـما ضربـت عـدة ولايـات أعاصـيرُ وعواصـف قويـة ومدمـرة تسـببت في خسـائر غـير مسـبوقة. كـما اجتاحـت الأعاصـير دولًا عـدة في الكاريبـي وأمريـكا اللاتينيـة، حيـث ضرب إعصـار «يـان» كوبـا3، بينـما استـمر الإعصـار المـداري «فيونـا» حتـى السـواحل الشرقيـة لكنـدا بعدمـا تسـبب في خسـائر فادحـة في أمريـكا اللاتينيـة. وعانـت معظـم دول أمريكا الجنوبية من الجفاف، وتراجع منسوب المياه في البحيرات والأودية4.

- أمـا في آسـيا فقـد كانـت الفيضانـات كارثيـة في كل مـن أسـتراليا ونيوزيلنـدا. كـما عانـت دول عديـدة مثـل أفغانسـتان مـن حـرارة مفرطـة، بينـما ضربـت الهنـد موجـة جفـاف شـديدة. وضربـت الصـين عـشرات العواصـف، بينـما سـجلت أخطـر جفـاف منـذ أكـثر مـن نصـف قـرن، وأعـلى حـرارة منـذ بـدء رصـد التغـيرات. وعانـت دول آسـيوية أخـرى مـن جـراء تداعيـات التغـير المناخـي؛ ومنهـا عـلى سـبيل المثـال كوريـا الجنوبيـة والفلبـين واليابـان وبنغلاديـش التـي ضربتهـا عواصف قويـة. أمـا باكسـتان فقـد غمـرت الميـاه بسـبب الأمطـار الموسـمية القويـة أكـثر مـن ربـع مسـاحتها، وقُتـل وفُقـد الآلاف، بينـما فقـد أكـثر مـن 30 مليـون شـخص عـلى الأقل بيوتهم وأكثر5.

- وفي أفريقيـا، تلـك القـارة التـي تعـاني أكـثر مـن غيرهـا برغـم مسـاهمتها التـي لا تـكاد تُذكـر في هـذه المشـكلة، فقـد كانـت تداعيـات التغـير المناخـي عليهـا قويـة، حيـث تأثـرت العديـد مـن دول القـارة بشـكل كبـير بهطـول الأمطـار والفيضانـات والجفـاف، بينـما أصبـح أكـثر مـن 20 مليـون شـخص مهدديـن بالمجاعة، ولاسيما في إثيوبيا والصومال وكينيا.6

---

3. فرانس 24، 27 سبتمبر 2022: https://bit.ly/3XaIOJw

4. أجواء بريس، 31 ديسمبر 2022: https://bit.ly/3iCVZ7c

5. الأمم المتحدة، 31 أغسطس 2022: https://bit.ly/3w4CoQ7

6. يورو نيوز 5 مايو 2022: https://bit.ly/3QFDKdL

وهكـذا نجـد أن تداعيـات التغـير المنـاخـي تنطـوي عـلى مخاطـر حقيقيـة. وقـد شـهد العقـد المـاضي بالفعـل تزايـدًا واضحًـا في تأثـير التغـير المناخـي في جميـع أنحـاء العـالم عـلى كل مـن النظـم الإيكولوجيـة البحريـة، والميـاه العذبـة، والحيـاة البريـة، والأمـن الغـذائي، والبنيـة التحتيـة، والصحـة والرفـاه، والاقتصـادات، وحتـى الثقافـة. كـما أثـر تغـير المنـاخ عـلى خدمـات النظـام البيئـي المرتبطـة بصحـة الإنسـان وسـبل العيـش، حيـث أدى الاحـترار إلى تقليـل الموائـل الحراريـة، كـما هـو الحـال في القطبـين الشـمالي والجنـوبي، وقمـم الجبـال وخـط الاسـتواء، فقـد أصبحـت النظـم البيئيـة الأكـثر سـخونة لا تطـاق بالنسـبة للعديـد مـن الأنـواع والكائنـات. وقـد أثـرت الظواهـر المتطرفـة المرتبطـة بالمنـاخ أيضًـا عـلى إنتاجيـة جميـع قطاعـات الزراعـة ومصايـد الأسـماك، مـع مـا يترتـب عـلى ذلـك مـن عواقـب سـلبية عـلى الأمـن الغـذائي وسبل العيش.

وفيـما يتعلـق بأنظمـة الميـاه والأمـن المـائي يعـاني مـا يقـرب مـن نصـف سـكان العـالم نـدرة شـديدة في الميـاه، لمـدة شـهر واحـد عـلى الأقـل في العـام الأول؛ بسـبب العوامـل المناخيـة وعوامـل أخـرى7. ويتجـلى انعـدام الأمـن المـائي مـن خـلال نـدرة الميـاه التـي يسـببها المنـاخ، وعـدم كفايـة إدارة الميـاه، بينـما فاقمـت الأحـداث المتطرفـة التـي لا تـزال قائمـة مـن التأثـيرات المجتمعيـة، وأثـرت سـلبيًا عـلى الزراعـة وإنتـاج الطاقـة، وزادت مـن الإصابـة بالأمـراض التـي تنقلهـا الميـاه. ولا تخفـى الآثـار الاقتصاديـة والمجتمعيـة لانعـدام الأمـن المـائي، والتـي هـي أكـثر وضوحًـا في البلـدان المنخفضة الدخل منها في البلدان ذات الدخلين المتوسط والمرتفع.

وتتجـاوز تأثـيرات التغـير المناخـي هـذه القضايـا، حيـث أضرت حتـى بالصحـة البدنيـة والعقليـة للإنسـان. وغالبًـا مـا تقـوض الآثـار الصحيـة جهـود التنميـة الشـاملة في الكثير من دول العالم.

---

7. بي بي سي عربي 20 أغسطس 2022: https://bbc.in/3iEgO23

إذن، فـإن التغـير المناخـي ومـا يتسـبب فيـه مـن ارتفـاع في درجـة حـرارة العـالم يشـكل خطـرًا حقيقيًـا عـلى البـشر، وإن الفشـل في التـصرف اليـوم سـوف يؤثـر بعمـق في مستقبلهم على كوكب الأرض.

ثانيـاً: وقفـة مـع الجهـود الدوليـة لمحـاصرة التداعيـات المناخيـة: مـن COP1 إلى COP27

لا شـك أن العـالم تنبـه إلى التغـير المناخـي في وقـت مبكـر نسـبيًا، حيـث ظهـرت دراسـات في السـبعينيات مـن القـرن المـاضي تحدثـت عـن التغـير المناخـي قبـل أن يتـم كشـف ثقـب الأوزون في منتصـف الثمانينيـات، بينـما بـدأت تتكشـف تدريجيًـا التداعيـات مـع تفاقـم حـدة الظواهـر الطبيعيـة. ولكـن، في المقابـل هنـاك شـبه إجـماع عـلى أن العـالم لم يتحـرك في الوقـت المناسـب. ولـو أن الـدول الكـبرى - ولا سـيما الصناعيـة منهـا - قـد اسـتجابت واتخـذت خطـوات فعّالـة في وقـت مبكـر لربمـا كان الوضـع مختلفًـا كثـيرًا، ولمـا وصـل العالَـم إلى مـا هـو عليـه اليـوم. ومـع ذلـك فقـد كانت هناك جهود دولية للتعامل مع هذا التحدي، وفيما يلي أهمها:

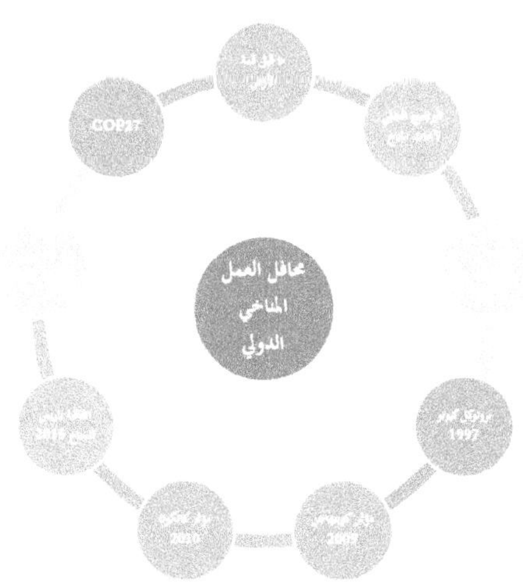

ما قبل قمة الأرض، وتحديدًا في الفترة 1968-1969، قررت الجمعية العامة للأمم المتحدة، بموجب قرارها 2398، أن تعقد في عام 1972 مؤتمرًا عالميًا في ستوكهولم، كان غرضه الرئيسي «أن يكون بمثابة وسيلة عملية للتشجيع وتوفير المبادئ التوجيهية... لحماية وتحسين البيئة البشرية وعلاج ومنع إضرارها8. ويُعد هذا أول مؤتمر عالمي يجعل البيئة قضية رئيسية، حيث وضع القضايا البيئية في مقدمة الاهتمامات الدولية، وشكّل بداية حوار بين البلدان الصناعية والبلدان النامية بشأن الصلة بين النمو الاقتصادي والتلوث البيئي9. وكانت إحدى النتائج الرئيسية للمؤتمر إنشاء برنامج الأمم المتحدة للبيئة UNEP)).

كما يُنظر إلى البرنامج العالمي لأبحاث المناخ (WCRP) الذي تم إنشاؤه في عام 1980 من قبل المنظمة العالمية للأرصاد الجوية (WMO) في جنيف والمجلس الدولي للاتحادات العلمية (ICSU) في باريس، كخطوة أخرى مهمة في مسيرة الجهود الإنسانية للتعامل مع التغير المناخي، حيث أعطى دفعة قوية لعلوم المناخ، ولا سيما فيما يتعلق بالمحاكاة العددية لظواهر الغلاف الجوي والمحيطات.

ولكن لفهم أسباب وتحديات وعواقب تغير المناخ أنشأت الأمم المتحدة الهيئة الحكومية الدولية المعنية بتغير المناخ (IPCC) في نوفمبر 198810، ويتمثل دورها في إعداد ونشر التقارير التي تقدم صورة واضحة وحديثة للحالة العلمية الحالية والمعرفة المتعلقة بتغير المناخ.

---

8. Günther Handl, DECLARATION OF THE UNITED NATIONS CONFERENCE ON THE HUMAN ENVIRONMENT (STOCKHOLM DECLARATION), 1972 AND THE RIO DECLARATION ON ENVIRONMENT AND DEVELOPMENT, 1992, 2012. p. 1: https://bit.ly/3WcIcll

9. United Nations: https://bit.ly/3ZGaFTG

10. أي بي سي عربي: https://bit.ly/3CNyT4E

- **قمة الأرض 1992.** بدأت الخطوات العملية في مكافحة التغير المناخي مع قمة الأرض عام 1992 التي انعقدت في ريو دي جانيرو البرازيلية. ويعد هذا الحدث أول تحرك جماعي جدّي على مستوى العالم، حيث بدأ المجتمع الدولي مكافحة تغير المناخ، في قمة الأرض الثانية. وبعد المؤتمر وقعت 166 دولة على اتفاقية الأمم المتحدة الإطارية بشأن تغير المناخ (UNFCCC)، والتي تقر بدور البشرية في الاحتباس الحراري، والتي تعد على نطاق واسع الخطوة الأولى في التصدي لمشكلة التغير المناخي11. وفي كل عام، ينعقد مؤتمر الأطراف بمشاركة جميع الدول التي صادقت على الاتفاقية، والتي بلغ عددها 197 دولة اعتبارًا من عام 2021.

- **بروتوكول كيوتو ديسمبر 1997.** يعد بروتوكول كيوتو الذي تم اعتماده في 11 ديسمبر 1997، نقلة نوعية في طريق عولمة مشكلة التغير المناخي، حيث يمثل الخطوة الأولى لتنفيذ اتفاقيه الأمم المتحدة الإطارية بشأن تغير المناخ لعام 1992. ولكنه لم يدخل حيز التنفيذ حتى 1 فبراير 2005 12. وأهم ما حققه بروتوكول كيوتو هو تعزيز عدد من السياسات الوطنية وإنشاء آليات مؤسساتية جديدة، ومن ثم تعزيز تنمية أنظمة خاصة بضبط الانبعاثات، إلا أنه واجه - في المقابل - تحديات منهجية، ولم يتمكن من إنشاء نظام عالمي بالكامل. كان الهدف هو تقليل انبعاثات 6 من الغازات الدفيئة بنسبة 5.2 % مقابل مستويات 1990 في مرحلة ما بين عامي 2008 و13.2012 وبناءً على ذلك، تم تقديم مبادرات مختلفة للحد من الانبعاثات من قبل معظم البلدان المتقدمة.

---

11. الأمم المتحدة، مؤتمر الأمم المتحدة المعني بالبيئة والتنمية، ريو دي جانيرو، البرازيل، 3 - 14 يونيو 1992: https://bit.ly/3AfDBY2

12. وكالة أنباء الإمارات (وام)، 12 يناير 2023: https://bit.ly/3iHLcIQ

13. European Commission, “The Kyoto Protocol,” February 16, 2005, http://bitly.ws/zQjy.

- **مؤتمر كوبنهاغن لتغير المناخ ديسمبر 2009**. اجتمعت الأطراف في اتفاقية الأمم المتحدة الإطارية بشأن تغير المناخ في كوبنهاغن في ديسمبر 2009 لصياغة اتفاقية جديدة لتحل محل بروتوكول كيوتو.14 وعلى الرغم من اعتباره مؤتمرًا غير ناجح بالعموم - بل لقد وُصف بـ «المؤتمر الفاشل» - فإنه يُنسب له تحديد الحد الأقصى للزيادة المقبولة في درجة الحرارة العالمية رسميًا بمقدار درجتين مئويتين فوق مستويات ما قبل الثورة الصناعية. ومع ذلك، لم يتمكن المشاركون من التوصل إلى اتفاق ملزم بشأن غازات الدفيئة وأهداف خفض الانبعاثات للحفاظ على الاحترار العالمي دون هذه العتبة.

- **مؤتمر تغير المناخ في كانكون والصندوق الأخضر للمناخ ديسمبر 2010.** وقد اختتمت محادثات تغير المناخ في كانكون بالمكسيك بحزمة قرارات لمساعدة الدول في التقدم باتجاه انبعاث أقل للغازات في المستقبل، وقد اتفقت الأطراف على إنشاء صندوق المناخ الأخضر، الذي يُمنح 100 مليار دولار سنويًا اعتبارًا من عام 2020، لمساعدة البلدان النامية على تبني مبادرات لمكافحة تغير المناخ، بالإضافة الى اتخاذ إجراءات لحماية غابات المناطق الحارة وتبادل التكنولوجيا في مجال حماية البيئة15. ومع ذلك، أعربت كثير من الدول والمنظمات غير الحكومية عن عدم رضاها عن الطريقة التي يتم بها تمويل الصندوق.16

- **اتفاقية باريس ديسمبر 2015**. وقد انتهت بحل وسط وافقت عليه كل دول العالم، لأول مرة. وقد اعتُبرت تاريخية؛ لأنها أول اتفاق عالمي

---

14. European Commission, “The Copenhagen Climate Agreement: EU Positions and State of Play,” October 12, 2009, http://bitly.ws/zQku.

15. سويز أنفو، 13 ديسمبر 2010: https://bit.ly/3X6uqC5

16. Joe Lo, “Why Can’t Poor Countries Access the Climate Finance They Were Promised?” *The Guardian*, February 15, 2016,

بشأن المناخ، وأهميتها تنبع من الهدف الأساسي لها، حيث نصت على احتواء الاحتباس الحراري «نهائيًا» بما لا يزيد على +2 درجة مئوية حتى عام 2100، وإذا أمكن +1.5 درجة، مقارنة بتلك المسجَّلة في عصر ما قبل الثورة الصناعية في القرن التاسع عشر17. كما تهدف الاتفاقية أيضًا إلى تعزيز قدرات الدول على التعامل مع تأثيرات التغير المناخي المختلفة. وتقر أيضًا بضرورة قيام البلدان المتقدمة بتقديم الدعم المالي ونقل التكنولوجيا إلى البلدان النامية. ويشدد الاتفاق كذلك على أهمية الدور المطلوب ليس فقط من قِبل الدول، ولكن أيضًا من قِبل المدن والمناطق والشركات والأفراد في إجراء هذا التحول. وبرغم أهميتها، وبعد مرور 8 سنوات عليها، فمازال التقدم دون المستوى المطلوب، وذلك بالطبع لأسباب مختلفة.

- **أكتوبر 2018 - سبتمبر 2019 - ثلاثة تقارير IPCC**. حيث نشر خبراء المناخ في الهيئة الحكومية الدولية المعنية بتغير المناخ (IPCC) من جميع أنحاء العالم ثلاثة تقارير شاملة في غضون عام واحد: الأول يتعامل مع عواقب ارتفاع متوسط درجة الحرارة بمقدار 1.5 درجة مئوية بحلول عام 2100، والثاني مع تأثير الاحترار العالمي على الأرض، والثالث تأثيره على المحيطات والبحر والغلاف الجليدي18. وقد عززت هذه التقارير تصميم المجتمع الدولي على اتخاذ تدابير طوعية للحد من تغير المناخ.

- **الصفقة الأوروبية الخضراء ديسمبر 2019**. وتهدف هذه الصفقة المعتمدة من المجلس الأوروبي في ديسمبر 2019، في المقام الأول إلى تحقيق الحياد الكربوني بحلول عام 2050؛ أي لضمان أن الاتحاد الأوروبي لا ينبعث لديه

---

17. فرانس 24، https://bit.ly/3w3LXyS

18. أي بي سي سي عربي (IPCC): https://bit.ly/3CMabBB

من غازات الاحتباس الحراري أكثر مما يمكنه امتصاصه (المعروف باسم «صافي الانبعاثات الصفرية»). وبعد وقت قصير من الإعلان عن الاتفاق، قطعت الصين تعهدًا مشابهًا بأن تكون الانبعاثات «ذروة» قبل عام 2030 وتحقيق الحياد الكربوني بحلول عام 2060. وعادت الولايات المتحدة، التي انسحبت من الجهود الدولية في ظل رئاسة دونالد ترامب، إلى المسرح العالمي في أوائل عام 2021 بعد انتخاب جو بايدن.

- **كوب 26 غلاسكو 2021**، والذي انعقد في مدينة غلاسكو البريطانية في أكتوبر -نوفمبر 2021. وبعد 13 يومًا من المفاوضات بين ما يقرب من 200 دولة، تم التوقيع على ميثاق غلاسكو للمناخ، ومن أبرز الإنجازات وضع اللمسات الأخيرة على المبادئ التوجيهية للتنفيذ الكامل لاتفاق باريس؛ والحل الوسط الذي تم التوصل إليه بشأن المادة السادسة المتعلقة بأسواق الكربون، والذي سيضمن تكافؤ الفرص للجميع؛ والانتهاء من المفاوضات حول إطار الشفافية المعزز، الذي يسمح للبلدان بمواصلة بناء الثقة19. وعلى الرغم من الإنجازات التي تحققت في غلاسكو، فقد بقي العالم بعيدًا عن المسار الصحيح لتحقيق الاستقرار في ارتفاع درجة الحرارة العالمية عند 1.5 درجة، وتواصلت الدعوات لمزيد من التعاون الدولي الفوري لإعادة العالم إلى المسار الصحيح لتحقيق هذا الهدف.

- **كوب 27 شرم الشيخ، مصر**. وهو المؤتمر السابع والعشرون للأطراف في اتفاقية الأمم المتحدة الإطارية بشأن تغير المناخ ((COP27، وقد انعقد في شرم الشيخ المصرية بحضور دول العالم معًا لتسريع الجهود العالمية لمواجهة أزمة المناخ. وقد اكتسب هذا المؤتمر أهمية خاصة؛ لأنه انعقد بينما أظهرت أحدث الدراسات أن تغير المناخ يتحرك أسرع بكثير مما نحن عليه؛ ما يدفع النظم البيئية والمجتمعات

19. الأمم المتحدة: https://bit.ly/3Xc5Bog

إلى أقصى حدودها. وقد حققت القمة نتائج مهمة؛ حيث اختتم المؤتمر بقرار تاريخي بإقرار صندوق للأضرار والخسائر المترتبة على التغير المناخي، وهي خطوة مهمة لأنها جاءت بعد خلافات حادة بين الدول والمجموعات المتفاوضة. كما تحققت إنجازات أخرى، ولا سيما فيما يتعلق بملفات الأمن الغذائي، حيث تم الاعتراف ولأول مرة بعلاقة أزمات التنوع البيولوجي بتغيرات المناخ20.

ورغم هذا المسار التاريخي الدولي الطويل، وبينما تعددت الجولات المناخية الدولية، فإن هناك العديد من التحديات العالقة في هذا المسار. والجزء التالي من هذه الدراسة يسلط الضوء على أهم هذه التحديات الدولية.

ثالثاً: أهم التحديات التي واجهت العمل المناخي الدولي:

لعل المتمعن في طول المسار الخاص بالعمل المناخي الدولي يرى أن العقبات الرابضة في طريق هذا التعاون الدولي هي المسؤولة عن طول أمد المفاوضات، وهي المتسببة في ارتفاع تكاليف التصدي للتحديات المناخية حاليًا. فبينما يتشارك ويتأثر العالم في مشكلات المناخ والبيئة بطريقة أقرب للعدالة، فإن التأثير والتسبب في هذه الأضرار وتلويث البيئة لا يتوزع بنفس هذه العدالة. فهناك دول وأقاليم أكثر من غيرها في الإضرار بالبيئة العالمية، وهناك أقاليم أكثر من غيرها ستتحمل العبء الأكبر من الأضرار البيئة الدولية. ولغياب التناظر بين التأثير والتأثر البيئي، ظهرت العقبات في طريق العمل الدولي في قضايا المناخ.

وعمومًا، فإن النقاط التالية تبرز أهم هذه التحديات التي تواجه العالم حاليًا:

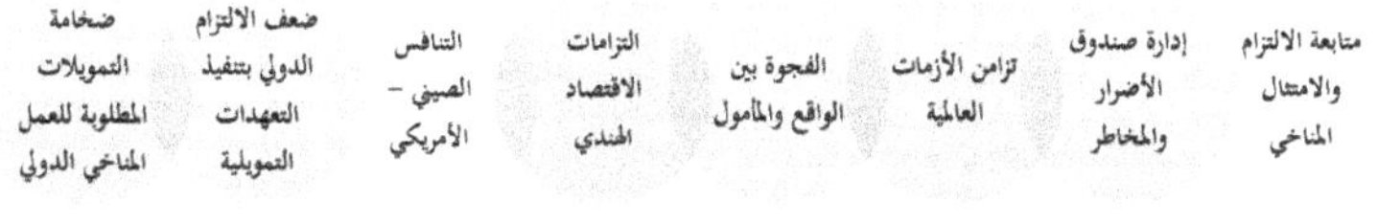

- متابعة الالتزام والامتثال المناخي
- إدارة صندوق الأضرار والمخاطر
- تزامن الأزمات العالمية
- الفجوة بين الواقع والمأمول
- التزامات الاقتصاد الهندي
- التنافس الصيني – الأمريكي
- ضعف الالتزام الدولي بتنفيذ التعهدات التمويلية
- ضخامة التمويلات المطلوبة للعمل المناخي الدولي

---

20. وكالة الأناضول، 21 نوفمبر 2022: https://bit.ly/3CPCNdb

- إن أهـم التحديـات التـي تواجـه العمـل المناخـي الـدولي لا تقتـصر فقـط عـلى ضخامـة الأمـوال والاسـتثمارات والتكاليـف الرأسـمالية المطلوبـة لمواجهـة الأضرار المناخيـة التـي نجمـت مـن الانبعاثـات الكربونيـة المتراكمـة، لكنهـا تتمثـل في آليـات تعبئـة هـذه التمويـلات مـن اقتصـادات العـالم المختلفـة، وخصوصًـا في ظـل أن جـزءًا أصيـلًا مـن الاقتصـادات العالميـة، والمتمثـل في دول العـالم النامـي، لا تسـعفها إمكاناتهـا وظروفهـا الاقتصاديـة الراهنـة لتحمُّـل هـذه الأعبـاء الرأسمالية الضخمة.

- ورغـم أن اتفـاق باريـس للمنـاخ قـد ألـزم الاقتصـادات المتقدمـة بتمويـل موجّـه للـدول الأقـل دخـلًا مقـداره حـوالي 100 مليـار دولار سـنويًا، لكـن غيـاب آليـة دوليـة ملزمـة لتنفيـذ هـذه الالتزامـات خلـق تحديًـا جديـدًا أمـام العمـل المناخـي الـدولي؛ ألا وهـو ضعـف فاعليـة الالتزامـات المناخيـة الدوليـة في معالجـة القضايـا المناخيـة والبيئيـة الملحّـة. وينطبـق ذلـك بالطبـع عـلى طبيعـة وآليـات تنفيـذ الالتـزام الـدولي الجديد الناتج عن مؤتمر COP27 بشأن صندوق الأضرار والمخاطر.

- ويمثـل التنافـس الصينـي-الأمريـكي معضلـة أساسـية في طريـق العمـل المناخـي الـدولي، فهـو يمثـل السـبب الجوهـري في نشـوء وتفاقـم العقبـات أمـام العمـل المناخي الدولي، وذلك في ضوء ما يلي:

  - أن أول عقبـة في طريـق العمـل المناخـي الـدولي تتمثـل في التنافـس الصينـي-الأمريـكي عمومًـا، وفي تحملهـما المسـؤولية تجـاه قضايـا المنـاخ تحديـدًا. ولقـد لعبـت قضايـا المنـاخ الدوليـة دورا سـلبيًا في دعـم السياسـات الحمائيـة وفي الصراعـات التجاريـة بـين هذيـن القطبـين، إمـا عـن طريـق توظيـف المنـاخ بطريقـة متحيـزة في هـذا السـياق، أو عـبر التهديـد بالخـروج مـن الاتفاقـات المناخيـة الثنائيـة21. ولذلـك، فإنـه فمـن الممكن شـيوع اسـتخدام

21. هـذا مـا حـدث عندمـا قامـت مسـؤولة أمريكيـة رفيعـة بزيـارة لجزيـرة تايـوان متحديـة بذلـك السياسـة الصينيـة تجاه تايوان. راجع في ذلك: https://www.bbc.com/arabic/world-62544510

الرسوم الجمركية المرتبطة بقضايا المناخ في الصراعات التجارية، كما يتم توظيفها حاليًا في سياق الصراع التجاري الصيني-الأمريكي.

- وبينما تعتبر قضية توزيع المسؤولية عن الانبعاثات الكربونية العالمية محلًا للخلاف الدائم في جدول مناقشات قمم المناخ الدولية. وبالتالي، فإن غياب التوافق بين قطبي التلوث العالمي في أمريكا والصين سيمنع وجود الضمانة الأساسية للتوافق حول توزيع المسؤولية على الصعيد العالمي.

- وليست قضية التنافس الصيني-الأمريكي هي العقبة الوحيدة في طريق العمل المناخي الدولي. ففي ضوء أن الاقتصاد الهندي يشكل واحدًا من مصادر التلويث الكربوني الرئيسية في العالم22، لكون الهند من كبريات دول العالم في الأنشطة الإنتاجية، لكن وقوع اقتصادها ضمن الشريحة الدنيا في الدول المتوسطة الدخل وفق تصنيف البنك الدولي23، فإن قضية تصنيفه ضمن فئة الممولين لبرامج المناخ أو ضمن المستحقين ستظل محل جدال وخلاف دولي. فمن ناحية، تعتبر الأنشطة الإنتاجية الهندية مسؤولة عن تفاقم الانبعاثات الكربونية، ومن ناحية فإن قدرة الاقتصاد الهندي محدوده في تحمل تكاليف دعم المناخ على الصعيد الدولي.

- مازالت الفجوة قائمة بين السقف الحالي المتوافق عليه في القمم المناخية السابقة وبين السقف الضروري لتحقيق الأهداف المناخية في السنوات المتبقية لخط الأساس 2050. حيث مازالت الانبعاثات الكربونية من الأنشطة الملوثة للبيئة لا تضمن تسارع الوصول لأهداف خط الأساس.

---

22. العرب، 22 نوفمبر 2022: https://bit.ly/3ITiwXY

23. راجع في ذلك مؤشرات التنمية العالمية للبنك الدولي على الإنترنت في الرابط التالي: https://databank.worldbank.org/source/world-development-indicators.

- على أن التزامن الذي حدث بين أزمة الغذاء العالمية مع عقد قمة COP27 قد سلط الضوء على أن العمل المناخي الدولي قد تهدده الأزمات الدولية الطارئة، كما حدث في أزمة الغذاء. فهناك علاقة وطيدة بين قطاع الغذاء العالمي وبين قضايا المناخ، كما يشكل الاستقرار في سلاسل الإمداد الغذائية أهمية استراتيجية لتحقيق الأهداف المناخية القصيرة الأجل، لكونه يحرر جزءًا من الإنفاق الجاري العالمي لصالح قضايا المناخ العاجلة.

- ومن التحديات التي خلقتها فكرة إنشاء صندوق الأضرار والخسائر، أن هذا الصندوق يحتاج إلى رأس مال ضخم بقدر ضخامة الفجوة بين الحالي والمستهدف من العمل المناخي الدولي؛ كما أن التحديات المنتظرة لعمل الصندوق لا تنبع فقط من مدى توافر التمويل الذي سيتاح لمجلس إدارة، بل من آلية عمله المتوقعة وطرق استهدافه الجغرافي والقطاعي لتغطية الأضرار والخسائر المرتبطة بالقضايا المناخية ذات الأولوية خلال السنوات القليلة القادمة.

- مع تعدد المؤشرات الدولية الراصدة للمناخ، فإن القضية المهمة التي تظهر في ظل طول أمد العمل المناخي الدولي هو الإمكانات الإلزامية المحدودة لاتفاقية الأمم المتحدة للمناخ في متابعة مستويات الامتثال من الدول للالتزامات التي تقطعها على نفسها؛ فغياب هذه المتابعة يقلل بشدة من فاعلية الالتزامات المناخية التي تقطعها الدول، ولا يضمن زيادة مستويات الامتثال في المستقبل.

وبخلاف العقبات السابقة، وفي ظل ظروف دولية مأزومة، فمازالت هناك قضايا إضافية ملفات عالقة وأهمها عدم الاتفاق على التخفيض التدريجي لاستخدامات جميع أنواع الوقود الأحفوري، بما في ذلك النفط والغاز. ومادام هذان النوعان من الوقود من المسببات الرئيسية للتغيرات المناخية، فستظل

الفجوة متسعة بين المستوى الحالي والمستوى المأمول من العمل المناخي الدولي، وستظل الرؤية الدولية غير واضحة في تحديد المسارات والخطط لتحقيق هدف الإبقاء على درجة حرارة الأرض بحدود 1.5 درجة مئوية لمستويات ما قبل الصناعة.

رابعاً: دولة الإمارات وآمال التحوّل المناخي العالمي المنشود:

للوقوف على دور دولة الإمارات في التحول المناخي العالمي لتحقيق أهداف خط الأساس 2050، فإن هذا الجزء من الورقة يقدم قراءة مركزة للتجربة الإماراتية في الالتزام المناخي وفي حماية البيئة من تداعيات التلوث وانبعاثات الكربون الضارة. فقراءة سريعة لمؤشرات المناخ المحلي، ومتابعة للجهود التنظيمية المحلية، وتسليطٌ للضوء على الأهداف الاستراتيجية للعمل المناخي - تمثل كلها تفاصيل للنموذج الريادي المحلي الذي تقدمه الإمارات للعالم كنموذج بيئي يُحتذَى به. وفي إطار مكانتها الدولية، فإن الجهود الإماراتية الدولية في التصدي لقضايا المناخ ومشاركتها الإيجابية في المؤتمرات والمحافل الدولية، بما في ذلك استضافة أسبوع أبو ظبي للاستدامة، والتحول في مجال الطاقة - هي ملامح الطريق للوصول إلى COP28.

والنقاط التالية توضح أبرز تفاصيل التجربة الإماراتية في العمل المناخي على الصعيدين المحلي والدولي، وتقدم بعض الرؤى والتطلعات والتوصيات التنفيذية لتحقيق مزيد من التميز الإماراتي، وصولًا للقمة العالمية المنتظرة للأطراف في نهاية العام الحالي 2023:

أ. الالتزام المناخي الإماراتي:

لا يأتي الالتزام البيئي الإماراتي من وجود تهديدات مناخية قد تؤثر على مقومات البيئة المحلية والدولية فحسب، بل لإيمانها بأن تطوير المؤشرات

البيئــة الوطنيــة هــي أســاس متــين مــن أســس الاســتدامة التنمويــة. وتعكــس الإجراءات التالية مدى الالتزام البيئي الإماراتي كما يلي24:

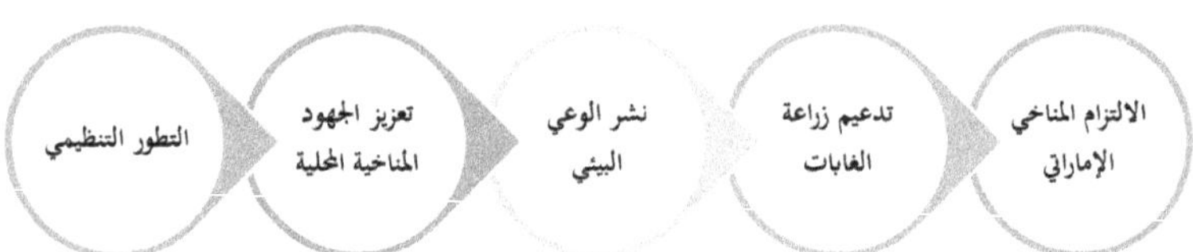

- علـى الصعيـد التنظيمـي، أنشـأت الحكومـة الإماراتيـة وزارة متخصصـة للتغير المناخـي والبيئـة في مسـعى لتعزيـز جهـود الدولـة في معالجـة مشـكلة التغـير المناخـي وحمايـة النظـم البيئيـة الفريـدة. وقـد منحـت هـذه الـوزارة صلاحيـات واسـعة للتدخـل، كـما وضعـت تحـت تصرفهـا الإمكانـات الكاملـة لتطويـر الاستراتيجية الإماراتية لتطوير البيئة.

- **وعــلى صعيــد الجهــود التنفيذيــة المحليــة، اتخــذت الحكومــة الإماراتيــة الإجراءات الآتية:**

- اطلاق اسـتراتيجية الإمـارات للتنميـة الخـضراء في عـام 2012 بهـدف جعـل الاقتصــاد الإمــاراتي رائــدًا عالميًــا في مجــال منتجــات وتقنيــات الاقتصــاد الأخضر، والحفاظ على بيئة مستدامة لتحقيق رؤية الإمارات 2021.

- وللتحكـم في الانبعاثـات، بـاشرت الدولـة تنفيـذ نحـو 14 مشروعًـا بغـرض الحــد مــن انبعاثــات الغــازات الدفيئــة (GHGs) تحت مظلــة مشــاريع آلية التنمية النظيفة.

---

24. يتمثـل أهـم هـذه التهديـدات في أن التغير المناخـي في دولـة الإمـارات قـد يفـضي مسـتقبلًا إلى منـاخ أدفـأ، وهطـول أمطـار أقـل، وجفـاف، وزيـادة في منسـوب ميـاه البحـر، والكثـير مـن العواصـف. ولمزيـد مـن التفاصيـل حـول الجهـود الإماراتيـة في العمـل المناخـي المحـلي والـدولي، راجـع الرابـط التـالي: -https://u.ae/ar-ae/about the-uae/leaving-no-one-behind/13climateaction.

- وفي مجال التكنولوجيا الزراعية، فإن وزارة التغير المناخي والبيئة عززت التحول نحو استخدام تكنولوجيا الزراعة بدون تربة في مشروعات زراعية متعددة، لمكافحة الآثار الجوهرية لتغير المناخ في النظم البيئية الطبيعية.

- ولتقليل إشعال الغاز الطبيعي، تضع شركة بترول أبوظبي الوطنية (أدنوك) الوصول إلى أدنى درجات الإشعال كأحد أهدافها الاستراتيجية. وفي الفترة ما بين 1995 و2010، خفضت شركة أدنوك إشعال الغاز بنسبة تصل إلى 78%.

- ولزيادة كفاءة الطاقة وفاعليتها، أطلقت الحكومة الإماراتية في العام 2010 معايير البناء الأخضر ومعايير البناء المستدام ليتم تطبيقها في جميع أنحاء الدولة. وأصدرت حكومة دبي في عام 2011 مجموعة من قوانين البناء الأخضر الخاص بغرض تقليل استهلاك الطاقة والموارد.

- ولدعم التحول الوطني للطاقة المتجددة، تتمثل الأهداف الاستراتيجية القائمة في توليد الطاقة من المصادر النظيفة لنحو 30% بحلول عام 2030.

- ونظرًا لأن وسائل النقل والمواصلات من أهم مصادر توليد الانبعاثات، فهناك دعم متصل لأنظمة نقل جماعي مستدام، مثل نظام السكك الحديدية الخفيفة والسريعة (مترو دبي)، ومشروع القطار عالي السرعة المقترح.

- وفي مجال التقاط وتخزين ثاني أكسيد الكربون، تقوم دولة الإمارات بتطوير مشروع لالتقاط وتخزين ثاني أكسيد الكربون في أبو ظبي. ويعد هذا المشروع أول خطوة في مجموعة مشروعات التقاط واستخدام وتخزين ثاني أكسيد الكربون المخطط لها في إمارة أبو ظبي.

- وانطلاقًا مـن أهميـة التوعيـة البيئيـة ونـشر ثقافـة حمايـة المنـاخ مـن التلـوث، فلقـد قطعـت الحكومـة الإماراتيـة شـوطًا طويـلًا في دعـم ونـشر ثقافـة التعليـم البيئـي، ولجـأت لتضمـين المحتـوى البيئـي في المناهـج والكتـب المدرسـية وتطويـر مناهـج دراسـية حـول التغـير المناخـي؛ كـما أطلقـت العديـد مـن المبـادرات البيئيـة الرائـدة، مثـل مبـادرة «جيلنـا»، وأنشـأت فكـرة المـدارس المسـتدامة ومبادرة المدراس البيئية - كل ذلك بهدف تشجيع العمل البيئي في المدارس.

- ونتيجـة للارتبـاط الوثيـق بـين دعـم قضايـا المنـاخ والتوسـع في زراعـة الغابـات التـي تلائـم مختلـف البيئـات الزراعيـة، فقـد ظهـرت بوضـوح أهميـة الخطـوات التـي يسـير فيهـا الاقتصـاد الإمـاراتي في ملـف الغابـات، وخصوصًـا التغلـب عـلى معضلة المياه والتضاريس والجغرافيا.

وعمومًـا، فقـد انعكسـت الجهـود السـابقة كافـة في تحسـن وارتقـاء مـؤشرات المنـاخ في بيئـة الإمـارات المحليـة؛ فوفقًـا لبيانـات البنـك الـدولي25، فقـد حقـق الاقتصاد الإماراتي الإنجازات المناخية التالية:

25. راجـع في ذلـك مـؤشرات التنميـة العالميـة عـلى الرابـط التـالي: https://databank.worldbank.org/source/world-development-indicators.

- تحسن معدلات انبعاثات ثاني أكسيد الكربون من 21.7 إلى نحو 20.5 طن متري للفرد بين عامي 2017-2019.

- تراجع معدلات انبعاثات أكسيد النيتروز في قطاع الطاقة من مليون طن متري من مكافئ ثاني أكسيد الكربون في عام 2017 لتصبح نحو 880 ألف طن متري في العام 2019.

- تحسن إجمالي انبعاثات غازات الاحتباس الحراري من 248 كيلو طن من مكافئ ثاني أكسيد الكربون لتصبح نحو 243 كيلو طن بين عامي 2017-2019.

- تحسن متصل في قيمة أضرار الانبعاثات الكربونية المقدرة وفق مؤشرات البنك الدولي من نحو 1.1 مليار دولار أمريكي خلال العام 2019 لنحو 0.9 مليار دولار في العام 2020.

ب. مكانة دولة الإمارات في العمل المناخي العالمي:

بينما كانت دولة الإمارات واحدة من أوائل الدول التي صادقت على اتفاقية باريس في شهر سبتمبر 2016، فإنها، وبالتوازي مع ذلك، بذلت جهودًا دولية حثيثة لدعم العمل المناخي الدولي عبر:

- تطوير منصة دولية للعمل المناخي المنتظم والمستمر. وهذه المنصة تتمثل في **أسبوع أبو ظبي للاستدامة**، والذي يُعقد بطريقة منتظمة في يناير من كل عام، ويجمع سلسلة من الفعاليات العالمية التي تجمع رؤساء دول ونخبة من صناع القرارات وقادة الأعمال ورواد التكنولوجيا من حول العالم، لمشاركة المعرفة حول كيفية تحقيق الاستدامة والحياد المناخي. وتحت مظلة هذا الأسبوع التنموي، تُعقد فاعليات منتدى الطاقة العالمي للمجلس الأطلسي، وتوزع جائزة زايد للاستدامة، وتُعقد القمة العالمية لطاقة المستقبل ومبادرة «ابتكر»، ومنصة شباب من أجل الاستدامة، وملتقى السيدات للاستدامة والبيئة والطاقة المتجددة، وملتقى أبو ظبي

للتمويل المستدام. ولذلك، فإن المخرجات المتوقعة لهذا الأسبوع تتمثل في:

- تسريع وتيرة العمل المناخي الدولي والحياد المناخي في المنطقة والعالم.
- توفير منصة شاملة للقاء صنّاع القرارات وقادة الأعمال ورواد التكنولوجيا في العالم لمشاركة المعرفة، واستعراض الابتكارات، وصياغة الاستراتيجيات، في إطار المساعي المشتركة لتحقيق الاستدامة والحياد المناخي.
- تسليط الضوء على التزام دولة الإمارات بمواجهة التحديات العالمية ودورها الريادي في دفع جهود العمل المناخي وتعزيز التنمية الاقتصادية المستدامة.

- استضافة مقر الوكالة الدولية للطاقة المتجددة (إيرينا) والتي تدعم الدول للانتقال إلى الطاقة المستدامة، وتعتبر منصة للتعاون الدولي في مجال الطاقة المتجددة؛ مثل: الطاقة الحيوية، والطاقة الحرارية، والطاقة المائية، والمحيطات، والطاقة الشمسية، وطاقة الرياح.

ونظرًا لأن التحول للطاقة المتجددة من أهم الوسائل لحماية المناخ من أثر الانبعاثات الضارة، فإن الدعم العملي من جانب الحكومة الإماراتية لهذا التحول كان باستضافة مقر هذه الوكالة الدولية؛ ففي عام 2009، تم تعيين مدينة أبو ظبي كمقر مؤقت للوكالة. وفي أبريل 2011، تم اختيار العاصمة أبو ظبي بالإجماع لتكون المقر الدائم للوكالة، ما يجعلها المدينة الأولى في الشرق الأوسط التي تستضيف منظمة حكومية دولية كمقر رئيسي لها.

- واستمرارًا لنفس الدعم الإماراتي الدولي للعمل المناخي العالمي، سواء بإتاحة التمويل الذي تحتاجه الاستثمارات البيئية أو بدعم التحول لمصادر الطاقة النظيفة، فقد تم توقيع شراكة استراتيجية بين الاقتصادين الإماراتي والأمريكي لاستثمار ما قيمته 100 مليار دولار لإنتاج 100 جيجاوات من الطاقة النظيفة

بحدود العام 2035. وتهدف هذه الاستراتيجية لتعزيز سلاسل الإمداد في قطاع الطاقة النظيفة عبر التوليف بين القدرات التمويلية والإمكانات التكنولوجية، لينعكس كل ذلك على ارتقاء مؤشرات الموثوقية والاستدامة في قطاع الطاقة العالمي. كما أن هذه الاستراتيجية تركز على تطوير إنتاج الطاقة النووية، مع تحسين منظومة الإنتاج وتطوير التكنولوجيا اللازمة للمفاعلات النووية النمطية والنزول بالآثار الخارجية للطاقة النووية لحدودها الدنيا. كما تقوم هذه الاستراتيجية على الاستهداف الدقيق للقطاعات والأنشطة الإنتاجية الأكثر توليدًا للانبعاثات الكربونية والأكثر تلويثًا للبيئة، ولاسيما قطاعي الصناعة والنقل، وتستهدف تطوير ممكّنات الطاقة المولدة من الهيدروجين الأخضر.

خامساً: توصيات لإنجاح الدور الإماراتي في ملف المناخ COP28:

في ضوء التطورات العالمية الراهنة والمتصلة منها بقضايا المناخ، وفي ظل طول أمد العمل المناخي الدولي وصولًا لقمة الأطراف الدولية في COP27، فإن دعم الاقتصاد الإماراتي الذي يحمل حاليًا لواء العمل المناخي الدولي وصولًا لقمة العالم في COP28 التي ستنعقد في أواخر العام الحالي في مدينة دبي، يقتضي العمل على المحاور التالية:

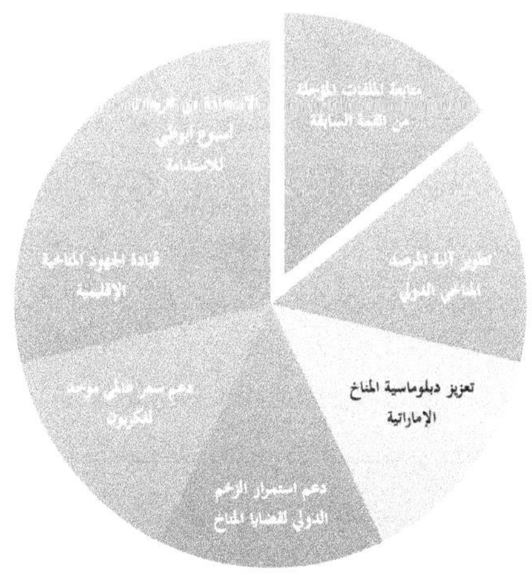

- اعتمادًا على مخرجات قمة COP27، ونظرًا لأنها قد أرجأت بعض الملفات الأساسية للقمة التالية، فإن التحرك الإماراتي الأساسي خلال الشهور القادمة، وصولًا لانعقاد القمة المقبلة في مدينة دبي، يتمثل في:

• حصر وتحديد دقيق لبنود هذه الملفات الدولية، ثم تحديد أسباب إرجائها، وأهم الأطراف الدولية الفاعلة، والبدائل المتاحة والترجيحات الخاصة بكل ملف من هذه الملفات. ومثال على ذلك ملف صندوق الأضرار والمخاطر وآليات تحقيق أهدافه المنشودة.

• حشد الجهود الإقليمية والدولية للوصول رؤية واضحة حول كيفية حسم القضايا المناخية العالقة والمُرَحَّلة من القمة السابعة والعشرين في شرم الشيخ.

- وعلى صعيد دولي آخر، ولتحفيز العمل المناخي لمحاصرة المشكلات المتسببة في التلوث البيئي، وبهدف الوصول للحياد الكربوني المتضمن في خط الأساس 2050 - يمكن أن يحدث عبر قيام دولة الإمارات بالدعوة لتطوير آلية دولية للمتابعة المنتظمة وللتنبيه المبكر لحدوث فجوات متوقعة في مستويات الامتثال المناخي بين دول وأقاليم العالم، بما في ذلك الدعوة لتطوير آلية المرصد المناخي الدولي لقياس ومتابعة الالتزام التمويلي من قبل الاقتصادات الأعلى تلويثًا للمناخ، ولاسيما في أمريكا الشمالية وشرق وجنوب آسيا.

- واستمرارًا للمساعي الإماراتية الدولية لدعم قضايا المناخ، فإن الاعتماد على - فضلًا عن تطوير - أدوات الدبلوماسية المناخية يمكن أن يساهم في متابعة الالتزامات والتعهدات المناخية الدولية، كما سيفيد في تهيئة الطريق أمام نجاح الجولة القادمة من قمة الأطراف لاتفاقية الأمم المتحدة الإطارية COP28 ورفع نسب المشاركة والالتزام الدولي من قادة دول العالم كافة.

كما أنه من المفيد تركيز دبلوماسية المناخ الإماراتية على تعزيز فرص مشاركة الصين بمستوى تمثيل رئاسي، سعيًا للتغلب على واحدة من أهم العقبات في طريق العمل المناخي الدولي، ألا وهي القضايا العالقة بين الولايات المتحدة والصين في ملف المناخ.

- وباستثناءات دولية قليلة، وبينما يلاحظ أن الزخم المحيط بقضايا المناخ يزداد فقط خلال عقد قمم الأمم المتحدة للمناخ، فمن الضروري أن يدعم الاقتصاد الإماراتي من الآن وضع برنامج عمل مناخي يحاصر ظاهرة تراجع الاهتمام بقضايا المناخ والالتزامات الدولية الناشئة عنها خلال الشهور القليلة القادمة حتى موعد عقد قمة COP28.

- وفي السياق الدولي نفسه، يُقترح أن تتولى الإمارات وضع تصور عاجل لبرنامج عمل دولي لتحقيق هدف سعر عالمي موحد للكربون عبر الاعتماد على الطرق القياسية الاقتصادية والإحصائية المفيدة في هذا الشأن. ويمكن الانطلاق من تجربة الاتحاد الأوروبي لتسعير الكربون في الاعتماد على آليات السوق الدولية الحرة لدعم تداول سندات الكربون بين الشركات دولية النشاط تحديدًا.

- إقليميًا، من المهم أن تقود الإمارات الجهود لتعزيز التعاون الإقليمي كبديل مرحلي لتحقيق الأهداف المناخية ولزيادة القدرات التفاوضية للأقاليم الأقل مسؤولية في توليد الانبعاثات.

- محليًا، وتأسيسًا على مخرجات أسبوع أبو ظبي للاستدامة، فيقترح:

  • الاستمرار في تفعيل العمل المناخي الإماراتي يتطلب العمل على دعم أساليب مبتكرة للمشاركة بين القطاعين العام والخاص محليًا لزيادة القدرات الوطنية على الامتثال والالتزام بأهداف المناخ.

- دعـم تكنولوجيـا ترشـيد وزيـادة الكفـاءة في اسـتخدام الطاقـة الأحفوريـة جنبًا إلى جنب مع دعم خطط التحول للطاقة المتجددة.

وختامًـا، وفي إطـار الترويـج للاقتصـاد الإمـاراتي كنمـوذج كـفء وفعّـال في العمـل المناخـي، يُقـترح تطويـر آليـات لتسـويق الإنجـازات الإماراتيـة في التعامـل مـع ملـف المنـاخ خـلال العـام 2023، لـكي تصبـح السـمة الأولى للصـورة الذهنيـة الدوليـة عـن الإمـارات أنهـا منظـم كـفء لأنشـطة المنـاخ الدوليـة، سـواء بعمـق تجربتـه عـن أسـبوع أبـو ظبـي للاسـتدامة ومخرجاتهـا البيئيـة المتنوعـة، أو مـن خـلال التسـويق للنجـاح الإمـاراتي في تطويـر مـؤشرات الاسـتدامة والتحـول في قطـاع الطاقـة الجديـدة والمتجددة.

قائمة المراجع:

المراجع العربية:

1. فرانس 24.

2. أجواء بريس.

3. موقع الأمم المتحدة.

4. يورو نيوز.

5. بي بي سي عربي.

6. الأمم المتحدة، مؤتمر الأمم المتحدة المعني بالبيئة والتنمية، ريو دي جانيرو، البرازيل، 3 - 14 يونيو 1992.

7. وكالة أنباء الإمارات (وام).

8. سيويز أنفو.

9. أي بي سي سي عربي (IPCC).

10. وكالة الأناضول.

11. صحيفة العرب الإلكترونية.

12. البوابة الرسمية لحكومة دولة، الإمارات العربية المتحدة.

المراجع الأجنبية:

1. Gunther Handl, (1992, 2012), Declaration of the United Nations Conference on the Human Environment (Stockholm Declaration), 1972.

2. United Nations Conference on the Human Environment, 1972, Stockholm, The United Nations.

3. World Development Indicators, the World Bank.

4. International Energy Agency, (March 2022)"Global CO2 Emissions Rebounded to Their Highest Level in History in 2021.

5. *The Rio Declaration on Environment and Development, 1992,* (2012) United Nations Audiovisual Library of International Law.

6. European Commission, (February 2005), "The Kyoto Protocol".

7. European Commission, (October 2009) "The Copenhagen Climate Agreement: EU Positions and State of Play,".

8. Joe Lo, (February 216) "Why Can't Poor Countries Access the Climate Finance They Were Promised?" The Guardian.

9. United Nations, "The Paris Agreement," *United Nations Climate Change.*